CORÉE & JAPON

ANNEXION DE LA CORÉE AU JAPON

Traité du 22 août 1910 et ses Conséquences

PAR

PERRINJAQUET

Chargé de cours à la Faculté de droit d'Aix

EXTRAIT DE LA *REVUE GÉNÉRALE DE DROIT INTERNATIONAL PUBLIC*

PARIS

A. PEDONE, Éditeur
de la " Revue générale de Droit International public "
et du " Recueil des Arbitrages Internationaux "
13, RUE SOUFFLOT, 13
—
1910

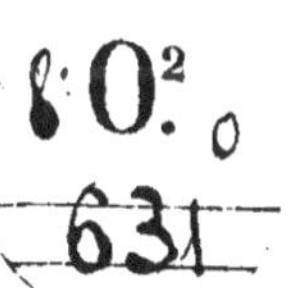

CORÉE ET JAPON

**Annexion de la Corée au Japon. — Traité du 22 août 1910.
Ses conséquences.**

I. — Le voile politico-juridique qui dissimulait la main-mise du Japon sur la Corée vient d'être levé officiellement par l'annexion pure et simple de l'Empire du « Matin calme » à celui du « Soleil-Levant ». Le traité d'annexion, signé le 22 août 1910, a été promulgué à Tokio le 29 août et immédiatement suivi d'un rescrit impérial japonais en date du même jour concernant l'administration du pays annexé et les conséquences diverses de l'annexion. Ce traité est le couronnement de la politique d'expansion poursuivie depuis une quinzaine d'années par le gouvernement du Mikado et consacre l'établissement des Japonais sur le continent asiatique. Le Japon cesse ainsi d'être un État insulaire isolé dans son archipel pour devenir une puissance continentale qui ne manquera sans doute pas d'aspirer à agrandir ses domaines.

Le traité du 22 août 1910 est le résultat d'une longue campagne diplomatique poursuivie avec une incomparable ténacité et avec l'appui des victoires militaires nécessaires pour écarter les opposants. Après avoir vaincu leurs rivaux, les Japonais ont établi peu à peu, d'une façon progressive et continue, leur autorité politique sur l'Empire coréen. L'annexion de la Corée est ainsi pour les hommes d'État japonais, la revanche définitive et complète de l'intervention de l'Europe après la paix de Shimonosaki. Au lendemain de ses victoires sur la Chine, en 1894, le Japon s'était fait céder Formose, les Pescadores et la partie Sud du Liâo-Toung (1), mais il n'avait pu conserver toutes ses conquêtes et à la suite de l'intervention de la Russie, appuyée par la France et l'Allemagne, il avait dû renoncer à ce moment à toute extension sur le continent en restituant le Liâo-Toung à la Chine, moyennant un supplément de 30 millions de taëls sur l'indemnité de guerre (convention du 8 novembre 1895).

Ainsi refoulé dans son archipel par l'immixtion de l'Europe, le Japon ne renonçait pas pour cela à l'espoir de s'étendre un jour sur le conti-

---

(1) Traité de Shimonosaki du 17 avril 1895.

nent aux dépens de ses voisins, lorsque les circonstances lui paraîtraient favorables et qu'il serait de force à écarter toute opposition. La Corée était dès cette époque l'objet des convoitises des patriotes nippons. La guerre de 1894-1895 avec la Chine avait eu précisément pour prétexte une divergence entre les deux États sur le droit de suzeraineté que la Chine invoquait à l'égard de la Corée et dont le Japon contestait l'existence en prétendant défendre l'entière indépendance de ce pays. Les Japonais voulaient ainsi écarter l'action politique de la Chine pour pouvoir ensuite soumettre sans difficulté les paisibles Coréens, incapables d'opposer par eux-mèmes une résistance sérieuse à des entreprises de conquête. La Chine vaincue dut, en effet, renoncer à ses prétentions et abandonner pour l'avenir la Corée aux visées belliqueuses des Nippons.

Le gouvernement de Tokio, instruit par l'expérience, s'efforça dès lors de développer la puissance militaire de l'Empire avant de reprendre sa politique d'expansion sur le continent. De 1895 à 1904, les Japonais constituèrent une flotte de guerre formidable, construisirent des arsenaux et réorganisèrent leur armée de manière à pouvoir lutter contre les adversaires éventuels de leur politique. On peut dire que, dès 1895, les Japonais étaient résolus à répondre par une nouvelle guerre aux puissances qui voudraient arrêter leur essor politique et s'opposer à leur ambition.

Pendant que le Japon se livrait à des armements en vue d'une guerre éventuelle, il ne négligeait pas de recourir à la diplomatie pour isoler son futur adversaire le plus sérieux, la Russie, instigatrice de l'intervention de 1895. L'Angleterre, la grande rivale de la Russie en Asie, consentit à s'entendre avec les Nippons et signa avec eux un traité d'alliance le 30 janvier 1902 (1). Cette alliance garantissait le Japon contre une coalition possible des nations européennes et lui assurait l'isolement de la Russie en cas de conflit armé. Or l'action politique et militaire de la Russie en Extrême-Orient devait fatalement l'amener à entrer en lutte avec le Japon. Etablie à Port-Arthur en 1898, la Russie semblait vouloir barrer la route au Japon et établir son hégémonie sur le Pacifique en dominant la Corée et même la Chine. L'insurrection des Boxers en 1900 amena l'occupation de la Mandchourie par les troupes russes. Dès lors, le gouvernement du Tsar s'efforça d'établir et de maintenir son autorité dans cette province, en employant toutes les ressources de la diplomatie à éluder les promesses d'évacuation faites à la Chine. Dès ce moment, l'indépendance de la Corée était virtuellement condamnée. Il devenait

---

(1) V. le texte de ce traité dans la *Revue générale de droit international public*, t. IX (1902), Documents, p. 10. Ce traité a été renouvelé le 12 août 1905. V. dans la *Revue générale de droit international public*, t. XII (1905), Documents, p. 17.

impossible à un pays pacifique, mais faible, de garder la neutralité et de
se faire respecter par les deux grandes puissances militaires qui allaient
se disputer la maîtrise de l'Extrême-Orient. Vu les circonstances, la Corée
ne pouvait espérer constituer un État tampon, neutralisé ou non, entre
le Japon, la Chine et l'Empire russe.

Un petit État ne peut rester neutre entre de grandes puissances que
si celles-ci n'ont pas sur lui de visées de conquête et si elles sont ani-
mées d'un désir mutuel de paix. C'est pour cela que l'indépendance de la
Suisse s'est maintenue depuis des siècles et qu'on a cherché à la sauve-
garder par la neutralité perpétuelle. Mais le désir mutuel des puissances
en Extrême-Orient était non de maintenir, mais de supprimer la Corée 
comme État indépendant. La Russie et le Japon aspiraient à s'en empa-
rer pour asseoir leur hégémonie, le Japon surtout voulait à tout prix
conquérir la Corée pour offrir un territoire nouveau à sa population
surabondante, à l'étroit dans l'archipel nippon. L'empire du « Matin
calme » allait devenir, ainsi que la Mandchourie, l'objet du duel engagé
entre l'Empire du Mikado et celui des Tsars. La Corée, par sa situation
géographique, devait même servir de premier champ de bataille aux
belligérants (1).

Dès l'ouverture de la guerre russo-japonaise, la Corée fut malgré elle
impliquée dans les hostilités, et vit son indépendance sérieusement
atteinte. Le Japon lui imposa, en effet, le protocole du 23 février 1904.
Cet acte se présente sous la forme d'un traité d'alliance et de garantie
pour la Corée : le Japon garantit l'indépendance et l'intégrité territoriale
de la Corée et pour cela il reçoit en cas de besoin un droit d'occupation
militaire (art. 3 et 4 du traité), mais l'Empereur de Corée doit suivre les
conseils du Mikado pour l'amélioration de l'administration intérieure du
pays (2). L'arrangement du 22 août 1904 vient ensuite donner au Japon
la direction des relations extérieures de la Corée, ainsi que le contrôle
des finances, car ces services sont placés sous la surveillance de Conseillers japonais (3). Le pays est alors entièrement occupé par les armées
japonaises dont le commandant, appliquant directement les conseils
que le Mikado a le droit de donner, dirige l'administration intérieure

____

(1) Les premiers événements de la guerre russo-japonaise se déroulèrent en effet en
Corée. V. sur ce point, la chronique de M. Rey, dans la *Revue générale de droit international public*, t. XV (1908), p. 146 et suiv. — Comp. Rey, *La condition internationale
de la Corée*, dans la *Revue générale de droit international public*, t. XIII (1906), p. 40 et
suiv.

(2) V. le texte de ce protocole, dans la *Revue générale de droit international public*,
t. XIII (1906), p. 42, note 2.

(3) V. le texte de cet arrangement, dans la *Revue générale de droit international public*,
t. XIII (1906), p. 43.

coréenne comme un véritable gouverneur. Les autorités coréennes n'ont plus qu'à suivre les conseils des chefs nippons, ou plutôt qu'à exécuter leurs ordres, car il n'y a aucune différence entre l'obligation de suivre le conseil d'autrui et celle d'obéir purement et simplement à ses injonctions. Dès lors, la conquête est effectuée sous le voile politico-juridique d'une assistance prêtée au gouvernement impérial de Corée.

Le traité de Portsmouth consacra après les victoires nipponnes l'effacement forcé de la Russie vaincue qui renonça expressément à s'opposer à l'action politique du Japon en Corée (1). Toute opposition ayant disparu, les Japonais se trouvèrent complètement libres en face du faible gouvernement de Séoul. Ils ne se contentèrent plus alors du droit de donner des conseils, et installèrent en Corée des agents japonais pour remplacer l'autorité des chefs militaires qui n'avait plus sa raison d'être après la paix. La mainmise du Japon sur la Corée s'affirma alors par un nouveau pacte, donnant cette fois des pouvoirs positifs aux représentants du Mikado. Le gouvernement coréen a été, en effet, contraint d'accepter un nouveau traité du 17 novembre 1905 par lequel l'indépendance du vieil Empire est indirectement confisquée au profit du Japon (2). Ce traité fut imposé aux ministres coréens par la menace de la contrainte directe sur leurs personnes, appuyée par les forces militaires qui occupaient le pays (3). Les ministres coréens ont été en effet enfermés dans leur salle de délibérations jusqu'à ce qu'ils aient donné leur adhésion à l'acte qui leur était présenté par les délégués japonais ; ils ont cédé à la force comme un vaincu après une défaite. L'Empereur de Corée protesta auprès des puissances, mais sa plainte se heurta à l'indifférence des chancelleries et n'eut aucune suite. De pareils procédés rendent un traité nul, car c'est un principe incontestable du droit des gens que, si le traité imposé à l'État après une guerre est valable et ne peut être entaché de nullité pour cause de violence, il en est tout autrement lorsque la contrainte est exercée vis-à-vis des représentants d'un État (4). La vérité est que ce traité n'était qu'un vain artifice pour déguiser une conquête réalisée par la force. Pour les multiples raisons qui ont amené d'autres puissances à agir parfois de la même façon, les Japo-

---

(1) Traité de paix du 5 septembre 1905, dans la *Revue générale de droit international public*, t. XII (1905), Documents, p. 19.

(2) V. le texte de ce traité, dans la *Revue générale de droit international public*, t. XIII (1906), p. 45.

(3) V. Rey, *La condition internationale de la Corée*, dans la *Revue générale de droit international public*, t. XIII (1906), p. 55.

(4) Despagnet, *Cours de droit international public*, 3ᵉ édit., p. 542 ; Bonfils-Fauchille, *Manuel de droit international public*, 5ᵉ édit., nᵒ 818 ; Bluntschli, *Le droit international codifié*, § 409 ; Rivier, *Principes du droit des gens*, t. II, p. 55. Comp. Rey, *op. cit.*, dans la *Revue générale de droit international public*, t. XIII (1906), p. 56.

nais ne voulaient pas avoir l'air de réaliser une annexion brutale et désiraient procéder par étapes successives avant de proclamer officiellement le fait accompli (1). Le traité ainsi imposé aux infortunés ministres coréens contenait une clause destinée à faire apparaître comme une simple assistance provisoire l'intervention japonaise : il devait rester en vigueur « jusqu'au moment où l'on constatera que la Corée a reconstitué ses forces nationales ». Mais c'était là une formule purement « littéraire », ne présentant pas plus de sincérité que les nombreuses déclarations des ministres anglais sur l'évacuation de l'Egypte ; les signataires de cet acte extorqué à leur faiblesse ne se faisaient certainement pas d'illusions sur ce point.

Ce traité du 17 novembre 1905, qui est immédiatement appliqué, assure au Japon une suprématie complète sur l'Empire coréen. Le Japon reçoit, en effet, le droit d'établir des résidents dans les ports ouverts et sur « tous les points du territoire coréen où le gouvernement japonais le jugera nécessaire » (article 3 du traité). Ces résidents subordonnés à un résident général placé auprès de la Cour de Séoul, doivent remplacer les consuls : leur mission est en effet toute différente de celle de ces derniers, car ils n'ont pas seulement à s'occuper des intérêts de leurs nationaux, mais ont la direction de l'administration dans la région placée sous leur autorité et constituent autant de sous-gouverneurs relevant du résident-général. Ce dernier doit désormais être considéré, en fait et en droit, moins comme un représentant diplomatique que comme un gouverneur général de Corée au nom et pour le compte du Japon.

Cette situation juridique qualifiée de protectorat dans certains articles des traités, où il est dit que le Japon donne sa protection à la Corée, différait cependant du protectorat tel que le conçoit le droit des gens. Le protectorat international repose sur une entente de deux États dont l'un reconnaît à l'autre des pouvoirs limités sur son territoire et se réserve le surplus de la compétence étatique, de sorte que l'accord des deux parties peut seul modifier les pouvoirs de chacun, et notamment élargir les droits du protecteur (2). Or telle n'était pas la situation du Japon et de la Corée au lendemain des traités de 1904 et 1905. L'Empereur de Corée n'avait plus d'autorité propre, de compétence étatique réservée par traité, puisqu'il était obligé, en vertu des conventions, de suivre les conseils du Mikado et de ses agents, à la fois dans les affaires

(1) Sur les cas nombreux d'annexions déguisées de territoires sous des voiles divers, V. Perrinjaquet, *Des cessions temporaires de territoires*, 1904, et *Des annexions déguisées de territoires*, dans la *Revue générale de droit international public*, t. XVI (1909), p. 316 et s.

(2) V. sur ce point Perrinjaquet, *Des annexions déguisées de territoires*, dans la *Revue générale de droit international public*, t. XVI (1909), p. 320 et suiv.

extérieures et intérieures ; il se trouvait complètement réduit au rôle d'agent subordonné. Le gouvernement coréen cessait d'être une personnalité internationale indépendante et la souveraineté coréenne se trouvait entièrement anéantie. On peut affirmer que, dès lors, la Corée avait disparu de la société internationale, ayant été absorbée par le Japon. Les puissances ne s'y trompèrent pas et, acceptant le fait accompli, elles retirèrent leurs agents diplomatiques de Séoul en décembre 1905 et janvier 1906 (1). L'annexion de la Corée au Japon était désormais complète, quoique opérée sous une forme déguisée (2). L'Empereur de Corée n'était plus qu'un monarque *honoris causa*, comme l'Empereur d'Annam ou le Roi du Cambodge, un Souverain fantôme sans pouvoir et sans force ; ce n'était plus qu'un pensionné du Japon, qui se chargea sans retard de le lui prouver.

L'application du traité du 17 novembre 1905 ne devait pas tarder d'ailleurs à en montrer toute la portée. Dans les premiers mois de 1906, le Marquis Ito, le grand homme d'État japonais, envoyé par le Mikado, s'installa à Séoul appuyé par un corps d'occupation. Il s'efforça de réorganiser les services publics, édicta des règlements nouveaux et traita les Coréens en sujets du Japon. Ceux-ci, peu habitués à supporter une autorité effective et froissés des procédés un peu rudes des agents japonais, essayèrent de résister aux conquérants. Des troubles sérieux éclatèrent en mai-juin 1906, mais les Japonais ne se laissèrent pas surprendre et réprimèrent avec énergie les tentatives d'émancipation des malheureux Coréens, qui furent traités en rebelles et rigoureusement châtiés. L'attitude des Japonais provoqua un nouveau mouvement insurrectionnel au mois de juin 1907, qui n'eut pas plus de succès que le précédent. Mais la menace d'une répression impitoyable n'empêcha pas les attentats isolés contre les agents nippons, ni les complots contre le résident général (3). L'Empereur de Corée, n'ayant pas voulu se prêter au rôle d'agent subordonné du Japon et ayant essayé de faire montre d'indépendance, fut déposé sur un ordre venu de Tokio, sous l'apparence mensongère d'une abdication volontaire (1ᵉ juillet 1907) (4). De nouveaux désordres s'ensuivirent, le peuple ayant deviné la vérité qu'on cherchait à lui cacher. Les Japonais proclamèrent comme Empereur le fils de celui qu'ils avaient détrôné, mais en prenant de nouvelles précautions contre toute velléité d'indépendance de sa part. Un prétendu traité

(1) V. Courant, *Annales des sciences politiques*, 1906, p. 789 et suiv.

(2) V. Perrinjaquet, *op. cit.*, dans la *Revue générale de droit international public*, t. XVI (1909), p. 327.

(3) **M.** Ito, victime de la vengeance d'un Coréen patriote, fut assassiné à Kharbine au printemps de 1910.

(4) **V. Courant**, *Annales des sciences politiques*, 1907, p. 830 et suiv.

du 24 juillet 1907, imposé par les Japonais, plaça le nouvel Empereur sous le contrôle et la surveillance du résident général du Japon (1). Dès lors, ce pseudo-monarque fut quasi-prisonnier dans son Palais, entouré de fonctionnaires nippons épiant ses moindres actes et l'empêchant d'entrer en contact avec son peuple sans la permission du représentant du Mikado.

II. — Il semble que cette situation aurait pu se prolonger indéfiniment et que le Japon n'avait pas grand intérêt de proclamer l'annexion pure et simple. L'annexion déguisée donnait en somme au gouvernement de Tokio les mêmes avantages que l'union officielle des deux pays. Mais le Japon a jugé plus simple, après une expérience de cinq ans, de consolider d'une façon positive et définitive l'absorption de l'Empire coréen. Une raison de politique intérieure et un double motif d'ordre diplomatique paraissent avoir inspiré la détermination des hommes d'État japonais.

Au point de vue intérieur, le gouvernement du Mikado a voulu affirmer d'une façon solennelle que la réunion de la Corée et du Japon était un fait définitivement acquis et dont l'existence ne saurait être mise en question. Ceci pour faire comprendre d'une façon tangible aux Coréens que l'autorité des Japonais est désormais en fait et en droit le seul pouvoir légal existant en Corée et qu'il n'y a plus de Souverain indigène. La renonciation officielle et définitive du monarque de Séoul à une souveraineté disparue a été considérée, avec raison semble-t-il, comme devant être de nature à décourager toute nouvelle tentative de révolte et à affermir la domination nipponne. Le rescrit impérial japonais **du 29 août 1910**, qui a suivi la publication du traité d'annexion, déclare que cette nouvelle mesure a été dictée par le désir de renforcer l'autorité publique en Corée et d'y assurer l'ordre et la sécurité. D'ailleurs, le traité d'annexion procède d'une habileté tout orientale : la famille impériale de Corée est l'objet d'un traitement tout particulier, ménageant la situation honorifique et pécuniaire de l'Empereur déchu et des Princes coréens, le Mikado leur accordant des titres et des pensions (2). Il y aurait ainsi,

(1) V. le texte de ce traité dans G. F. de Martens, *Nouveau Recueil général de traités*, 3ᵉ série, t. I, p. 6.

(2) Voici les textes du traité d'annexion du 22 août 1910 et du rescrit impérial japonais du 29 août 1910, qui en a suivi la publication :

I. — TRAITÉ ANNEXANT LA CORÉE AU JAPON, SIGNÉ A SÉOUL LE 22 AOUT 1910.

Sa Majesté l'Empereur du Japon et Sa Majesté l'Empereur de Corée, ayant en vue les relations spéciales et étroites entre leurs pays respectifs, désirant augmenter le bien-être

semble-t-il, une adoption de la Maison impériale coréenne par la famille impériale nipponne, de sorte que l'union des peuples ne serait que la conséquence de l'alliance nouvelle de leurs Souverains. Ainsi le présent se relierait au passé et l'esprit avant tout traditionnaliste de la race

commun des deux nations et assurer la paix permanente en Extrême-Orient, et étant convaincues que ces buts pourront être le mieux atteints par l'annexion de la Corée à l'Empire du Japon, ont résolu de conclure un traité de cette annexion et ont nommé à cet effet pour leurs plénipotentiaires, savoir : Sa Majesté l'Empereur du Japon, le Vicomte Masakata Térauchi, son résident général, et Sa Majesté l'Empereur de Corée. Ye Wan Yong, son ministre-président d'Etat, lesquels, par suite des conférences et délibérations mutuelles, sont convenus des articles suivants :

Article 1er. — Sa Majesté l'Empereur de Corée fait la cession complète et permanente à Sa Majesté l'Empereur du Japon de tous les droits de la souveraineté sur la totalité de la Corée.

Art. 2.— Sa Majesté l'Empereur du Japon accepte la cession mentionnée dans l'article précédent et consent à l'annexion complète de la Corée à l'Empire du Japon.

Art. 3. — Sa Majesté l'Empereur du Japon accordera à Leurs Majestés l'Empereur. et l'ex-Empereur et à Son Altesse Impériale le Prince héritier de Corée et à leurs épouses et héritiers des titres, dignités et honneurs qui sont appropriés à leurs rangs respectifs ; et des dons annuels suffisants seront faits pour maintenir ces titres, dignités et honneurs.

Art. 4. — Sa Majesté l'Empereur du Japon accordera aussi des honneurs et traitements appropriés aux membres de la Maison impériale de Corée et à leurs héritier autres que ceux mentionnés dans l'article précédent ; et des fonds nécessaires pour maintenir ces honneurs et traitements leur seront octroyés.

Art. 5. — Sa Majesté l'Empereur du Japon conférera la pairie et des dons pécuniaires à ceux des Coréens qui, à cause de services méritoires, sont considérés dignes de ces reconnaissances spéciales.

Art. 6. — Par suite de l'annexion ci-dessus mentionnée, le gouvernement du Japon prend le gouvernement et l'administration de la Corée et s'engage à accorder l'entière protection aux personnes et propriétés des Coréens qui obéissent aux lois en vigueur en Corée et à accroître le bien-être de tous ces Coréens.

Art. 7. — Le gouvernement du Japon, en tant que les circonstances le permettent, emploiera dans les services publics du Japon en Corée ceux des Coréens qui acceptent le nouveau régime loyalement et de bonne foi et qui y sont dûment qualifiés.

Art. 8. — Le présent traité, ayant été approuvé par Sa Majesté l'Empereur du Japon et par Sa Majesté l'Empereur de Corée, produira son effet à partir du jour de sa promulgation.

En foi de quoi, etc., etc.   (L.S.) MASAKATA TÉRAUCHI,
Signé à Séoul, le 22 août 1910,   (L.S.) YE WAN YONG.

II. — RESCRIT IMPÉRIAL DU 29 AOUT 1910.

Nous, attachant la plus haute importance au maintien de la paix permanente en Orient et à la consolidation de la sécurité durable dans notre Empire, et trouvant en Corée de constantes et fécondes sources de complications, fîmes conclure par notre gouvernement avec le gouvernement coréen, en 1905, un accord par lequel la Corée était placée sous la protection du Japon, espérant que tous les éléments perturbateurs auraient pu ainsi être écartés et que la paix serait assurée pour toujours. — Pendant plus de quatre ans qui se sont depuis écoulés, notre gouvernement s'est efforcé, avec une attention inlassable, de faire progresser les réformes de l'administration de la Corée, et ses efforts ont été, à un certain degré, couronnés de succès ; mais, en même temps, le régime de gouvernement existant de ce pays-là s'est montré peu efficace pour conserver la paix

jaune serait pleinement satisfait. L'annexion aurait alors eu un puissant objectif d'ordre moral s'inspirant de la philosophie de Confucius (1).

Les Japonais, désireux de faciliter l'assimilation des deux peuples, se sont montrés depuis 1908, après la répression des troubles, moins rigoureux vis-à-vis des indigènes ; et,si l'ordre public n'est pas compromis,il est probable qu'ils ne feront pas sentir durement leur suprématie : le traité d'annexion indique, d'ailleurs, expressément l'intention du gouvernement de Tokio de confier certaines fonctions à ceux des Coréens qui accepteraient loyalement le nouveau régime (article 7 du traité).Il est probable que les Coréens,épuisés par leurs précédentes révoltes, accepteront avec résignation le fait accompli et que les précautions militaires du Japon arrêteront tout mouvement insurrectionnel sérieux.

Depuis 1905, l'autorité japonaise ne s'est pas contentée de réprimer les mouvements de révolte, mais s'est efforcée en même temps de civiliser et de moderniser le vieil Empire endormi dans une immobilité traditionnelle. Le télégraphe et le téléphone ont été installés ; des chemins de fer ont été construits ; des écoles ont été ouvertes en grand nombre, l'instruction élémentaire étant rendue à peu près obligatoire ;les méthodes de culture ont été également améliorées et transformées. Aussi le commerce extérieur de la Corée, jadis stationnaire, a triplé de 1905 à 1910. La législation a été refondue par la promulgation de codes nouveaux plus modernes et plus équitables que les vieux codes coréens. Le gouvernement japonais paraît ainsi décidé à pratiquer une politique de large assimilation des deux peuples en réformant la Corée et en y facili-

et la stabilité ; et, de plus,un esprit de soupçon et de doute domine partout dans la presqu'île. — Pour maintenir l'ordre public et la sécurité et pour accroître le bonheur et le bien-être du peuple, il est devenu manifeste que des changements fondamentaux dans le système de gouvernement actuel sont inévitables. — Nous, de concert avec Sa Majesté l'Empereur de Corée, ayant en vue cet état de choses et convaincus de même de la nécessité d'annexer la totalité de la Corée à l'Empire du Japon pour répondre aux besoins actuels de la situation, sommes, maintenant, arrivés à un accord de cette annexion permanente. — Sa Majesté l'Empereur de Corée et les membres de sa Maison impériale se verront accorder, malgré l'annexion, un traitement dû et approprié. Tous les Coréens, passant sous notre pouvoir direct, jouiront d'une prospérité et d'un bien-être croissants et, avec le repos et la sécurité assurés, une expansion notable se réalisera dans l'industrie et dans le commerce. — Nous croyons fermement que le nouvel ordre de choses qui vient d'être inauguré sera une nouvelle garantie de la paix durable en Orient. — Nous ordonnons l'institution de l'office de gouverneur général de Corée. Le gouverneur général exercera, sous notre direction, le commandement de l'armée et de la marine et un contrôle général sur toutes les fonctions administratives en Corée. Nous invitons tous nos fonctionnaires et autorités à l'accomplissement de leurs devoirs respectifs en se pénétrant de notre volonté et à l'exercice des diverses branches de l'administration en harmonie avec les demandes de l'occasion à cet effet. — Que nos sujets jouissent pour longtemps du bonheur de la paix et du repos !

(1) Robert de Caix, dans le *Journal des Débats* du 1er septembre 1910.

tant l'émigration japonaise de manière à fortifier la puissance économique et militaire de l'Empire nippon. Si le Japon est surpeuplé, il est loin d'en être de même de sa nouvelle province ; car, avec un territoire grand comme l'Italie, la Corée compte environ 12 millions d'habitants ; mais la Corée n'a pas une faculté d'absorption illimitée pour les émigrants nippons et il est probable que ceux-ci envahiront plus tard la Mandchourie méridionale où domine déjà l'influence politique du Japon (1).

Les mobiles d'ordre international qui ont inspiré l'annexion de la Corée ont trait aux rapports conventionnels existant entre l'ancien gouvernement de Séoul et les nations étrangères. Ces relations concernaient d'une part les régimes commercial et douanier, de l'autre la juridiction spéciale des consuls, telle qu'elle résulte du système des Capitulations appliqué en Corée. Les Japonais après avoir pris la direction de l'administration et de la justice dans le pays, voulaient désormais y être seuls maitres et y appliquer le même régime que chez eux. Or le Japon a obtenu des puissances, depuis 1899, la suppression complète de la juridiction consulaire et la soumission des étrangers aux autorités de l'Empire ; ce qui a disparu au Japon devait, suivant les désirs des hommes d'État de Tokio, cesser également d'exister en Corée, depuis la conquête qu'ils avaient réalisée. La survivance du système capitulaire était un obstacle à l'assimilation politique et administrative de la nouvelle province nipponne. Les privilèges concédés aux étrangers par les anciens traités devenaient incompatibles avec la nouvelle organisation établie par le Japon. Le maintien de la juridiction des consuls sur leurs nationaux ne pouvait, en effet, qu'entraver l'exécution des réformes administratives, judiciaires et financières nécessaires à la régénération politique et sociale du pays, en les laissant inapplicables aux étrangers. La coexistence de législations diverses appliquées par des autorités indépendantes les unes des autres est une source de complications et de difficultés et ne peut être admise que dans les pays où l'autorité territoriale est rudimentaire ou corrompue. C'est pour cela que ce régime tend à disparaître dans les Etats qui établissent une administration régulière offrant des garanties suffisantes aux étrangers (2). Enfin, l'orgueil nippon ne

(1) On peut dire que le traité de Portsmouth constitue un partage anticipé de la Mandchourie entre la Russie et le Japon, grâce aux privilèges que les deux États se reconnaissent mutuellement et que des ententes postérieures ont confirmés.

(2) Les Capitulations ont cessé d'exister au Japon depuis 1899, elles vont disparaître au Siam lorsque les nouveaux codes seront promulgués et appliqués (traité du 23 mars 1907).

En Egypte, l'importance des relations entre les ressortissants de nationalité différente a amené la création des tribunaux mixtes et dans l'avenir la juridiction britannique sera sans doute établie. Quant à la Turquie, le sort des Capitulations dépend du succès ou de l'échec du mouvement de réformes introduit par le parti jeune-turc.

pouvait plus supporter l'existence de pouvoirs étrangers sur un territoire soumis au Mikado ; le prestige à garder en face des Coréens exigeait l'établissement complet et définitif de l'autorité japonaise sur toutes les personnes résidant dans le pays.

Le régime douanier existant en Corée en vertu des traités de commerce conclus entre le gouvernement de Séoul et les nations étrangères ne satisfaisait nullement les conceptions économiques et les désirs des Nippons. Les nations européennes et l'Amérique bénéficiaient, en effet, pour leurs importations en Corée, de tarifs douaniers bien inférieurs à ceux qui ont été établis au Japon. Or la politique économique des gouvernants de Tokio est loin d'être inspirée par des idées libérales, elle est marquée au contraire par le protectionnisme le plus intransigeant. Les traités de commerce conclus avec les nations étrangères ont été récemment dénoncés et un tarif quasi-prohibitif sera appliqué l'an prochain aux marchandises importées au Japon, et c'est sous cette menace qu'on cherche à négocier de nouvelles conventions. Les Japonais ont donc voulu par l'annexion faire tomber les traités de commerce de la Corée et éviter la concurrence commerciale des autres pays dans leur nouvelle province, en réservant pour l'avenir à leur production le marché coréen et ses douze millions de consommateurs.

Il convient de remarquer que l'annexion officielle n'était pas indispensable au point de vue juridique pour permettre au gouvernement de Tokio de modifier le régime douanier en Corée ou de supprimer la juridiction consulaire. Néanmoins, elle était de nature à faciliter et à simplifier la solution de ces questions dans un sens conforme aux désirs du Japon en lui évitant l'obligation d'entrer en négociations avec les puissances.

L'annexion déguisée de territoires produit, en effet, en principe, les mêmes conséquences juridiques que l'annexion pure et simple (1). Le changement de souveraineté, la substitution de compétence étatique effective font disparaître les engagements pris par le précédent gouvernement et les pouvoirs qu'il a pu conférer à d'autres États, sauf les droits pécuniaires constituant des situations juridiques subjectives ou individuelles entre les États (2). Ces résultats sont admis dans la pratique internationale sans difficulté lorsque les puissances ont reconnu et accepté l'action politique de l'une d'elles dans un autre pays et la conquête effective qui a pu être réalisée, mais il s'est produit des difficultés

(1) V. Perrinjaquet, *Des annexions déguisées de territoires*, dans la *Revue générale de droit international public*, t. XVI (1909), p. 361 et *Des cessions temporaires de territoires*, 1904, p. 305 et suiv.

(2) V. Perrinjaquet, *op. cit.*, dans la *Revue générale de droit international public*, t. XVI (1909), p. 362-363. — V. aussi Jèze, *Revue du droit public et de la science politique en France et à l'étranger*, 1906, p. 687 et suiv.

sérieuses lorsque certaines puissances ont contesté la légitimité de la main-mise effectuée par une nation sur un territoire appartenant valablement à un autre État. Ainsi les grandes puissances signataires du traité de Berlin ont accueilli sans protestation la suppression des Capitulations opérée en Bosnie-Herzégovine par l'Autriche après la réorganisation administrative et judiciaire de ces provinces en 1880, ainsi que l'établissement de la juridiction anglaise à Chypre en 1879, alors qu'il n'y avait qu'annexion déguisée de ces pays à l'Autriche (1) ou à l'Angleterre (2). Mais au contraire la France a réclamé avec vigueur lorsque l'Italie, s'étant établie à Massaouah, en 1881, refusa d'y admettre l'exercice de la juridiction consulaire. Le gouvernement français contestait avec raison la validité de l'occupation de l'Erythrée comme dépendant de l'Egypte, et lui refusait tout effet juridique, mais il ne méconnaissait pas que l'établissement régulier de la souveraineté italienne n'eût comporté une solution différente et la suppression toute naturelle du régime capitulaire (3). Si l'Angleterre avait voulu autrefois abolir les Capitulations et les tribunaux mixtes en Egypte, les puissances, et spécialement la France, n'auraient pas manqué de répliquer en invoquant le caractère irrégulier et non consacré par les traités de l'action politique anglaise sur les bords du Nil.

Le Japon, souverain effectif de la Corée depuis 1905 avec l'assentiment tacite des puissances, pouvait donc très correctement informer les nations étrangères que les anciens traités conclus par le gouvernement de Séoul avaient cessé d'exister par suite de l'établissement de l'autorité japonaise. Mais il aurait fallu que la diplomatie de Tokio démontrât bien aux puissances tous les pouvoirs découlant pour le Japon des traités de 1904, 1905 et 1907. Cette preuve eût été aisée, mais on aurait dû pour cela négocier, échanger des Notes, et surtout courir le risque de se heurter à des résistances plus ou moins dissimulées, favorisées par les expédients diplomatiques dont les États abusent si souvent. Certaines nations auraient pu faire des objections au nouveau régime établi par le Japon, en s'appuyant sur l'existence apparente de l'État coréen et refuser de constater la réalité de l'annexion déguisée, opérée par le gouvernement du Mikado. La proclamation officielle et régulière de l'annexion de la Corée devait par elle seule couper court à toute discussion et à toute contes-

---

(1) Article 25 du traité de Berlin. — Comp. Perrinjaquet, article précité, *loc. cit.*, p. 341.

(2) Convention du 4 juin 1878. — Comp. Perrinjaquet, article précité, *loc. cit.*, p. 341.

(3) V. les Notes de Crispi et de Goblet, dans les *Archives diplomatiques*, 1889, t. IV, p. 115 et suiv. — Comp. Perrinjaquet, ouvrage précité, p. 340 et suiv. et article précité dans la *Revue générale de droit international public*, t. XVI (1909), p. 365. *Adde* Kiatibian, *Conséquences de la transformation des États sur les traités*, 1892, p. 161 et suiv.

tation possibles sur les droits du Japon en Corée. On comprend ainsi que les hommes d'État de Tokio aient jugé plus simple, plus pratique et plus rapide d'imposer un nouveau traité au malheureux monarque de Séoul que de discuter avec les chancelleries des grandes puissances.

III.— Le gouvernement de Tokio s'est empressé de profiter des conséquences juridiques de l'annexion en promulguant une déclaration spéciale sur la condition des étrangers en Corée et le régime douanier appliqué au pays conquis (1).

(1) — Déclaration du gouvernement impérial du Japon du 29 août 1910.

Malgré les travaux laborieux de la réforme de l'administration de la Corée dans lesquels les gouvernements du Japon et de Corée se sont diligemment engagés pendant plus de quatre ans depuis la conclusion de l'accord de 1905, le système de gouvernement actuel du pays ne s'est pas montré entièrement à la hauteur de la nécessité de conserver l'ordre public et la tranquillité. De plus, un esprit de soupçon et de doute domine partout dans la presqu'île. — Pour maintenir la paix et la stabilité en Corée, pour augmenter la prospérité et le bonheur des Coréens, et pour assurer en même temps la sécurité et le repos des habitants étrangers, il a été prouvé abondamment clair qu'un changement fondamental du régime de gouvernement actuel est absolument essentiel. — Les gouvernements du Japon et de Corée, convaincus de la nécessité urgente d'introduire une réforme répondant aux besoins de la situation et de fournir une garantie suffisante pour l'avenir, ont, avec l'approbation de Sa Majesté l'Empereur de Corée, conclu par l'intermédiaire de leurs plénipotentiaires respectifs un traité stipulant l'annexion complète de la Corée à l'Empire du Japon. — En vertu de cet important acte qui produira son effet par sa promulgation le 29 août 1910, le gouvernement impérial du Japon prend le gouvernement et l'administration de la Corée et déclare par ces présentes que les matières relatives aux étrangers et au commerce extérieur en Corée seront traitées selon les règles suivantes :

I. — Les traités conclus jusqu'ici par les puissances étrangères avec la Corée cessan d'être en vigueur, les traités existant avec le Japon seront, en tant que praticables, appliqués en Corée. Les étrangers résidant en Corée, en tant que les circonstances le permettent, jouiront des mêmes droits et immunités qu'au Japon même et de la protection de leurs droits légalement acquis, pourvu qu'ils soient assujettis dans tous les cas à la juridiction du Japon. — Le gouvernement impérial du Japon est prêt à consentir à ce que la juridiction, en ce qui concerne les affaires actuellement pendantes devant un tribunal consulaire étranger en Corée au moment où le traité d'annexion produit son effet, reste audit tribunal jusqu'à la décision finale.

II. — Indépendamment des engagements conventionnels qui existent antérieurement au sujet dont il s'agit, le gouvernement impérial du Japon lèvera, pendant une période de dix ans, sur les marchandises importées en Corée des pays étrangers ou exportées de la Corée aux pays étrangers, ainsi que sur les navires entrant dans un des ports ouverts de la Corée, les mêmes droits d'importation ou d'exportation et le même droit de tonnage que ceux des tarifs existants. — Les mêmes droits d'importation ou d'exportation et le même droit de tonnage que ceux devant être levés sur les marchandises et navires ci-dessus mentionnés seront aussi, pendant une période de dix ans, appliqués en ce qui concerne les marchandises importées du Japon en Corée ou exportées de la Corée au Japon, ainsi que les navires japonais entrant dans un des ports ouverts de la Corée.

III. — Le gouvernement impérial du Japon permettra aussi, pendant une période de dix ans, aux navires sous le pavillon des puissances ayant des traités avec le Japon,

La déclaration du gouvernement impérial japonais constate tout d'abord que l'annexion fait disparaître les traités conclus par la Corée avec les nations étrangères et décide que les étrangers résidant en Corée seront soumis au régime en vigueur au Japon ; c'est donc la suppression complète des privilèges anciens et la soumission des étrangers à l'autorité territoriale. Les conventions existant entre le Japon et les autres pays seront en tant que praticables appliquées en Corée. Cette décision est pleinement conforme aux usages internationaux. C'est, en effet, un principe du droit des gens qu'en cas d'annexion de territoires à un État, l'application des traités de l'État annexant est étendue aux pays annexés. Les territoires nouvellement placés sous l'autorité d'un État se trouvent soumis au régime juridique de cet État, au point de vue international comme dans le droit interne. La plupart des traités ne sont pas, effectivement, sauf clause contraire, conclus en considération de l'étendue territoriale des États au moment de leur signature ou de leur ratification (1). Il en est ainsi, sans aucun doute, des conventions qui ont trait à la condition des étrangers et à la protection de leurs personnes et de leurs biens. Par mesure transitoire, le gouvernement japonais consent à ce que les tribunaux consulaires de Corée statuent sur les affaires pendantes devant eux au moment de l'annexion. C'est là une concession gracieuse et de pure courtoisie vis-à-vis des puissances, en même temps qu'une mesure opportune de transition pour faciliter et hâter la solution des affaires introduites devant les consuls. En droit strict, les tribunaux de l'État annexant sont seuls compétents après l'annexion et ceux investis par l'État conquis ou démembré perdent tout pouvoir de juridiction et sont immédiatement dessaisis comme cela se produit en droit interne lorsque les lois de compétence sont modifiées (2).

En ce qui concerne le régime commercial et douanier, la déclaration du 29 août 1910 prévoit une période transitoire avant l'établissement d'un régime nouveau. Il fallait bien ici maintenir au moins provisoirement le *statu quo* ou appliquer unilatéralement un tarif nouveau, ce qui eût amené des représailles à l'égard des exportations coréennes de la part des puissances étrangères. Les traités de commerce conclus par le Japon ne pouvaient à l'encontre des autres conventions être déclarés

d'entreprendre le cabotage entre les ports ouverts de la Corée et entre ces ports et les ports ouverts du Japon.

IV. — Les ports ouverts existants de la Corée, sauf Masampo, continueront d'être ports ouverts, et de plus Shinwiju sera nouvellement ouvert, de sorte que les navires étrangers aussi bien que les navires japonais y seront admis et les marchandises pourront être importées dans ces ports et en être exportées.

(1) Despagnet, *op. cit.*, 3ᵉ édit., p. 103 ; Bonfils-Fauchille, *op. cit.*, 5ᵉ édit., n° 218. Comp. Cabouat, *Des annexions de territoires,* p. 303 et suiv.

(2) Par exemple la loi française du 1ᵉʳ mars 1899, dite loi de dessaisissement.

ipso facto applicables à l'ancien Empire de Corée devenu province japonaise (1). On considère en effet avec raison que les traités de commerce sont conclus eu égard à la situation territoriale des États, à la nature de leurs productions agricoles ou industrielles. L'extension de ces traités à des territoires annexés pourrait bouleverser le régime économique établi et compromettrait la stabilité des relations commerciales des nations (2). C'est donc en vertu de sa souveraineté d'État annexant que le Japon a réglé la situation de la Corée au point de vue douanier. Sur ce point, le Mikado et ses Conseillers se sont montrés relativement bienveillants pour les intérêts commerciaux des autres nations. Les tarifs existants au moment de l'annexion sont maintenus, pour dix ans, sur les marchandises importées ou exportées et sur les navires entrant dans les ports coréens. Les mêmes taxes douanières et les mêmes droits de navigation seront, pendant la même durée, appliqués aux marchandises et aux navires du Japon. Il n'est donc pas établi pour le moment d'union douanière entre l'Empire nippon et sa conquête, et il n'y a même pas de traitement préférentiel pour le commerce japonais en Corée. Le gouvernement de Tokio permet aussi pendant la durée de dix ans aux navires des puissances ayant des traités avec l'Empire de faire le cabotage entre les ports ouverts de Corée et entre ceux-ci et les ports du Japon. Ainsi, pendant cette période décennale, rien ne sera changé dans les relations commerciales de la Corée avec le Japon et les nations étrangères. Mais il est probable qu'ensuite l'union douanière sera établie par l'introduction des tarifs et règlements japonais en Corée. Cette concession temporaire faite aux autres États a été inspirée sans doute par le désir de ne pas provoquer de leur part des protestations contre l'annexion elle-même.

IV. — La suppression des Capitulations et la modification future du régime douanier sont les seules conséquences internationales du nouveau traité. Le Japon et la Corée constituaient déjà depuis 1905 une personnalité unique du droit des gens, représentée par les mêmes agents diplomatiques et les autres effets de l'annexion s'étaient dès lors réalisés.

Cette consolidation de la puissance japonaise en Corée a été acceptée implicitement par les autres nations et n'a pas provoqué les mêmes difficultés que l'annexion de la Bosnie-Herzégovine par l'Autriche en octobre 1908, qui n'était pourtant, elle aussi, que la constatation officielle

(1) La plupart ont d'ailleurs été récemment dénoncés.
(2) V. Despagnet, *op. cit.*, p. 106 ; Cabouat, *op. cit.*, p. 303 ; Kiatibian, *op. cit.*, p. 89.

d'un fait accompli (1).Mais,cette fois, l'opération ne présente pas le caractère de mesure agressive qu'on a reprochée à l'action du Comte d'Aeren-
thal dans les Balkans. Nul ne s'est senti froissé dans son amour-propre
ou menacé dans ses intérêts réels ou supposés par le traité du 22 août
1910. Le Souverain coréen a tout accepté, tandis que le Sultan de Cons-
tantinople a protesté avec énergie contre l'annexion de la Bosnie-Herzégovine, opérée par voie unilatérale (2), et que le peuple Turc a soutenu
l'action de son gouvernement par la fameuse tactique du boycottage des
marchandises autrichiennes, ce qui devait amener le gouvernement de
Vienne à négocier avec les ministres ottomans et à payer une indemnité.

Dans l'affaire coréenne, les principaux intéressés avaient consenti
d'avance, et spécialement la Russie par le traité de Portsmouth et les
conventions successives qui ont consacré l'entente russo-japonaise dans
les affaires d'Extrême-Orient. Aussi c'est à peine si l'annexion de la
Corée a provoqué quelques manifestations de mauvaise humeur de la
part de certains organes de la presse anglaise à cause de la fermeture
éventuelle du marché coréen, mais le commerce extérieur de l'Angleterre avec la Corée ne se monte qu'à 16 millions de francs, ce qui ne
constitue en somme qu'un intérêt minime pour l'Empire britannique.
Le mouvement commercial des autres pays est encore bien inférieur, de
sorte que la conquête japonaise ne lèse pas d'intérêt sérieux.

Seule la Chine est menacée par les progrès du Japon sur le continent,
car l'absorption de la Mandchourie méridionale semble devoir être la
conséquence prochaine de l'annexion de la Corée. Mais l'action du Japon
pourrait bien un jour provoquer une résistance sérieuse de la part de la
Chine, désireuse de prendre une revanche de ses défaites passées. L'Empire chinois paraît vouloir sortir maintenant de son immobilité traditionnelle et entrer à son tour dans la voie de la civilisation occidentale. Le
gouvernement de Pékin cherche à constituer une armée solide, instruite
et équipée à l'européenne. Un nouveau conflit armé serait donc possible,
peut-être même probable, entre les Nippons, avides de conquêtes, et les
Célestes, devenus capables de défendre leurs droits ; mais ce sont là
choses de demain sur lesquelles il serait aussi imprudent que vain de
se livrer à des prévisions.

(1) V. Perrinjaquet, article précité, dans la *Revue générale de droit international public*,
t. XVI (1909), p. 350 et 358 ; Blociszewski, *L'annexion de la Bosnie et de l'Herzégovine*,
dans la *Revue générale de droit international public*, t. XVII (1910).

(2) V. Laferrière, *Le Boycott et le droit international*, dans la *Revue générale de droit
international public*, t. XVII (1910), p. 301 et suiv.

A. PEDONE, Editeur, 13, rue Soufflot, PARIS

REVUE GÉNÉRALE

DE

Droit International Public

DROIT DES GENS — HISTOIRE DIPLOMATIQUE
DROIT PÉNAL — DROIT FISCAL — DROIT ADMINISTRATIF

(FONDÉE PAR MM. A. PILLET ET P. FAUCHILLE)

PUBLIÉE PAR

Paul FAUCHILLE

AVOCAT, DOCTEUR EN DROIT

MEMBRE DE L'INSTITUT DE DROIT INTERNATIONAL

(Recompensée par l'Institut de France, 1904. Fondation Drouyn de Lhuys.)
Académie des Sciences morales et politiques

La **Revue générale de Droit international public** paraît tous les deux mois depuis le 1er février 1894. — Elle contient : 1° des études approfondies sur les matières diverses du droit international public ; 2° des chroniques très étendues sur les faits internationaux les plus récents ; 3° des documents internationaux et diplomatiques.

La **Revue générale de Droit international public**, a pour but, au point de vue théorique, de poser des principes qui puissent servir de base à un droit international juste et équitable. Au point de vue pratique, elle signale, en les appréciant, les faits qu'engendre l'activité incessante des différents peuples.

La **Revue**, exclusivement internationale, est dégagée de toute tendance préconçue. Ses collaborateurs, les internationalistes de la France et de l'Etranger lui ont donné, sans compter, leur précieux concours.

L'Institut de France (ACADÉMIE DES SCIENCES MORALES ET POLITIQUES) a voulu récompenser les efforts de la **Revue**, en lui décernant, en 1904, le prix de la Fondation Drouyn de Lhuys.

ABONNEMENT : **20** FRANCS PAR AN. — ÉTRANGER, **21** FR. **50**

Collection complète des **16** années publiées (1894-1909) : **290** fr.

Reliure en plus : **2** fr. **75** par année.

Les frais de port en sus. — Poids de la collection . . . . . **30** Kgs.

Imp. J. Thevenot, Saint-Dizier (Haute-Marne)